Aforismeja

Marie von Ebner-Eschenbach

Aforismeja

Toimittanut ja suomentanut

Tuija Tuomaala

Punos

Koneen Säätiö on tukenut tämän kirjan toimitus- ja suomennostyötä.

Aforismit on valikoitu kokoelmista *Fünfhundert Aphorismen* (2015, 4. p.) ja *Sämtliche Werke, Band 4* (1920).

ISBN 978-952-69621-7-7

Kustantaja: Punos-kustannus, Loviisa
www.punoskustannus.fi

Valmistaja: BoD – Books on Demand, Norderstedt, Saksa

SISÄLLYS

Elämä on jatkuvaa oppimista

Joka ei mitään tiedä, joutuu elämään uskon varassa.

On tiedettävä ainakin jotain voidakseen salata sen, ettei tiedä mitään.

Kun uteliaisuus kohdistuu vakavasti otettaviin asioihin, kutsumme sitä tiedonjanoksi.

Kukaan ei tiedä tarpeeksi, moni tietää liikaa.

Tietojemme kokonaismäärä muodostuu siitä, mitä olemme oppineet ja mitä unohtaneet.

"Järkeä kasvatetaan useimmiten tunteiden kustannuksella." Ei suinkaan! Kehityskelpoisia päitä vain on enemmän kuin kehityskelpoisia sydämiä.

Tietämättömät eivät tiedä mitään, perässähiihtäjät eivät haluakaan mitään tietää.

Ihminen, jonka sydän ja järki ovat tasapainossa, kypsyy myöhään.

Pilkanteko päättyy siihen, mistä ymmärrys alkaa.

Elämä on jatkuvaa oppimista; lopuksi on opittava kuolemaan.

Yksi itsensä kehittämisen päämääristä on päästä eroon turhamaisuudesta, jota ilman emme olisi koskaan itseämme kehittäneetkään.

Uskovainen, joka ei ole koskaan epäillyt, pystyy tuskin käännyttämään epäilijää.

Sanotaan, ettei hyveillä ja oppineisuudella ole mitään tekemistä keskenään. Mutta ajatelkaa, miten moraalillemme käy, jos emme kiinnitä huomiota aikakautemme tiedolliseen kehitykseen.

Mitä vähemmän ihminen on käynyt kouluja, sitä etevämpi hän on keksimään tekosyitä.

Joka ymmärtää vain sen, minkä voi selittää, ymmärtää hyvin vähän.

Ymmärrys ulottuu usein paljon pitemmälle kuin äly.

Mitään emme opi niin myöhään ja unohda niin nopeasti kuin taitoa myöntää, että olemme väärässä.

Tarvitaan aina hiukan hyvää tahtoa ymmärtämään jopa kaikkein yksinkertaisin ja selvin asia.

Sydän ja järki ovat hyvissä väleissä keskenään. Usein toinen korvaa toisen niin täysin, että on vaikea sanoa, kumpi oli ohjaksissa.

Oivallus – älyn kosketus; syvällinen ymmärrys – älyn syleily.

On ihmisiä, joiden äly säteilee, ja niitä, joilla se tuikkii. Edelliset valaisevat asioita, jälkimmäiset hämärtävät niitä.

Yksittäinen sana voi joskus paljastaa ihmisen sielun syvyyden, älyn voiman.

Yksi hyvä ajatus tuo mukanaan kaksikymmentä lisää.

”Ajaa takaa ajatusta.” Miten kuvaava ilmaisu! Kiirehdimme ajatuksen perään, saamme sen kiinni, se pakenee, ja takaa-ajo alkaa uudelleen. Voiton vie lopulta vahvempi. Jos se on ajatus, se ei jätä meitä rauhaan vaan ilmestyy aina uudelleen – kiusoitellen, piinaten, pilkaten avuttomuuttamme tarttua siihen. Jos taas järjen voimalla onnistumme voittamaan sen, kiivasta kamppailua seuraa elämän ja kuoleman kestävä autuas, erottamaton liitto, josta syntyvät lapset valtaavat maan.

Vain kaikkein älykkäimmät käyttävät älyään myös itsensä arvostelemiseen, eivät pelkästään muiden.

Se että sanoo, mitä ajattelee, on joskus suurinta typeryyttä ja joskus taas suurinta taidetta.

Joukoittain tulevat ajatukset ovat kiusankappaleita. Hyvät ajatukset ilmaantuvat pieninä seurueina. Jumalaiset ajatukset tulevat yksin.

Joissain tapauksissa järkevyys tarkoittaa pelkuruutta.

Jos ajatukset voisi lukea kasvoilta, seuraelämä kävisi mahdottomaksi ja perhesiteet löystyisivät.

Mielipiteistä voi kiistellä, ennakkoluuloista ei koskaan.

Vain ajattelevat ihmiset kokevat elämänsä täytenä; niiltä, jotka eivät ajattele, elämä menee ohi.

Miten viisas onkaan oltava

Taito harkita rauhassa on kaiken viisauden alku, kaiken hyvän lähde.

"Viisas antaa periksi." Tuo kuolematon sanonta kertoo, miksi tyhmyys hallitsee maailmaa.

Näennäisesti mitä tarpeettomin ja typerin uhraus on lähempänä aitoa viisautta kuin nokkelinkaan teko, joka on tehty niin kutsutusta oikeutetusta itsekkyydestä.

Joka ymmärtää esittää miellyttävästi ja sympaattisesti asiat, jotka ihmiset jo tietävät, saa hyvin pian viisaan maineen.

Mitä kutsumme kernaimmin tyhmyydeksi? Nokkeluutta, jota emme itse ymmärrä.

Miten viisas onkaan oltava voidakseen olla aina hyvä.

Meillä kaikilla on laput silmillä. Ratkaisevaa on, kuinka tiukasti.

Henkisten voimien kaksi ääripäätä ovat vankkumaton peräänantamattomuus ja kyky luopua valittamatta.

Meidän on vaikea pitää typeryksenä ihmistä, joka ihailee meitä.

Hölmöt puhuvat tyhmyyksiä, nokkelat tekevät niitä.

Järkipuhe ei tehoa niihin, joilla ei ole järkeä.

Jonka päähän ei mitään juolahda, on henkisesti hedelmätön; pitkästyttävä puolestaan se, joka esittää paria vanhaa ajatustaan jatkuvasti uusina.

Sitä hetkeä ei tule, ettei typerys uskoisi viisaan kykenevän puhumaan pötyä tai tekemään tyhmyyksiä.

Järki-ihminen ei suhtaudu mihinkään niin pilkallisesti kuin jalomielisyyteen, johon ei itse kykene.

Kun typerys yrittää säilyttää salaisuuden, se paljastuu meille varmasti, vaikka emme lainkaan haluaisi.

Suhtaudu kärsivällisyydellä yksinkertaisten riidanhaluun. Ei ole helppo ymmärtää, ettei ymmärrä.

Viisas on harvoin nokkela.

Mitään emme anna anteeksi niin helposti kuin tyhmyyksiä, jotka tehdään meidän vuoksemme.

Mitä typerys välittää järkevistä ihmisistä? Tärkeimpiä hänelle ovat toiset typerykset, jotka pitävät häntä arvossa.

Vitsiniekat ovat kerjäläisiä älyn valtakunnassa. He elävät almuilla, joita sattuma heille heittää: älynväläyksillä.

Vähä-älyinen, joka joutuu tuomitsemaan muita, kykenee asettumaan korkeintaan heidän tilanteeseensa, ei koskaan heidän ajatuksiinsa ja tunteisiinsa.

Typerys osaa yleensä parhaiten sen, mitä viisas ei usko koskaan oppivansakaan.

Pienimmälläkin valonlähteellä on sädekehänsä.

Rakasta kaikkia ihmisiä

Reumatismiin ja todelliseen rakkauteen uskoo vasta, kun ne kokee.

Seesteisin rakkaus on rakkaus hyvyyteen.

Rakasta kaikkia ihmisiä, mutta kärsivää rakasta kuin omaa lastasi.

Ne, joita hemmottelemme eniten, eivät aina ole niitä, joita rakastamme eniten.

Myötätunto on rakkaus puolipukeissa.

Meitä kohtaan osoitettu rakkaus, josta emme tunne iloa ja kiitollisuutta, on taakka.

Useimmat ihmiset tarvitsevat enemmän rakkautta kuin ansaitsevat.

Joka uskoo vapaaseen tahtoon, ei ole koskaan rakastanut tai vihannut.

Jos taivas maan päällä on ylimalkaan mahdollinen, niin onnellisessa avioliitossa.

Rakkaus on kärsimystä, rakkaudettomuus on kuolemaksi.

Läheisen ihmisen kuollessa saamme eräänlaista lohtua uskomalla, ettei menetyksen aiheuttama tuska koskaan lievene.

Todellista rakkautta voi olla kahden hyvinkin erilaisen ihmisen välillä, kestävää ystävyyttä vain samankaltaisten kesken. Siksi jälkimmäinen on paljon harvinaisempaa kuin edellinen.

Näemme paljon vaivaa vaativien ihmisten vuoksi mutta rakastamme niitä, jotka tyytyvät vähään.

Ellei halua lakata rakastamasta ihmisiä, ei pidä lakata tekemästä heille hyvää.

Lähimmäisiään rakastava elää tuhannen sielun kanssa, itsekäs vain yhden, ja se sielu on säälittävä.

Ystävyyttä voi ostaa.

Rakkaus voittaa kuoleman, mutta joskus sattuu niin, että mitätön paha tapa voittaa rakkauden.

Kun viettää aikaa rakkaidensa kanssa, ei voi ajatella sen enempää eroa heistä kuin heidän kuolemaansakaan.

Yksikään ruumis ei ole niin hyvin haudattu kuin sammunut intohimo.

Kiinnekohtiamme elämässä ovat ne, joille olemme tukipilareita.

Todellisten ystävysten tai rakastavaisten välinen riita ei merkitse mitään. Vaarallisia ovat vain kiistat sellaisten ihmisten välillä, jotka eivät ymmärrä toisiaan täysin.

Yksi todellinen ystävä lisää onnellisuuttamme enemmän kuin tuhat vihollista onnettomuuttamme.

Oikkujemme vastustajaa on viisasta nimittää ystäväksi.

Hyvä ja ystävällinen ihminen saa niin monta ystävää kuin haluaa, mutta ei aina niitä, joita toivoisi.

On jotain, mitä meidän tulisi yrittää oppia parhailta ystäviltämme: heidän taitonsa nähdä puutteemme.

Vaatimattominkin ihminen pitää itseään suuremmassa arvossa kuin paras ystävänsä.

Saatamme hyvinkin kuulla ystäviemme huulilta omia sanojamme, mutta emme enää ominamme vaan heidän sanoinaan.

Intohimo merkitsee aina kärsimystä – myös silloin, kun se on tyydytetty.

Nähdessään meidät tauon jälkeen tuttavat kysyvät ulkoisia, ystävät sisäisiä kuulumisia.

Haluaisit varmaan mieluusti tietää, mitä tuttavasi sinusta sanovat. Kuuntele, mitä he sanovat niistä, joilla on enemmän painoarvoa kuin sinulla.

Vilpittömiä ystäviä on hyvin vähän – mutta myös kysyntä on vähäistä.

Taide sai alkunsa kaipuusta

Taiteilija, luo vain sellaista, mihin sinua ajaa sisäinen pakko.

Selkeys on rehellisyyttä niin taiteessa kuin tieteessäkin.

Kauneudentaju ja kauneudesta hurmioituminen ovat yksi ja sama asia.

Taiteilijan tehtävä ei ole huolehtia siitä, että hänen työnsä saa tunnustusta, vaan että se ansaitsee sitä.

Taide sai alkunsa kaipuusta tarpeettomaan.

Ulkoisessa kauneudessa meitä ilahduttaa aina eniten se, mikä ei näy ulospäin.

Taiteilijan tulisi olla kuin lintuemo, joka lakkaa huolehtimasta poikasistaan heti, kun niistä tulee lentokykyisiä.

Kun astuu julkisuuteen, ei voi odottaa eikä vaatia hienotunteista kohtelua.

Taiteilijat ajattelevat tavallisesti meistä samaa kuin me heidän töistään.

Taide on rappeutumassa intohimon kuvailusta paheen kuvaamiseksi.

Taiteilijan luonne joko ruokkii tai syö hänen lahjakkuuttaan.

Vanha sanonta, että aloittaminen on vaikeaa, koskee vain käytännön asioita. Taiteessa mikään ei ole vaikeampaa kuin lopettaminen, sillä se tarkoittaa samalla työn viimeistelemistä.

Joka puhuu luomisen ilosta, on saanut aikaan enintään hyttysiä.

Useimpia jäljittelijöitä kiehtoo se, mitä ei voi jäljitellä.

On olemassa läheisempikin side kuin äidin ja lapsen välinen: taiteilijan side teokseensa.

Suurten ideoiden ihminen on epämukava naapuri.

Taiteilija ei voi toivoa parempaa kuin suorasukaiset ystävät ja kohteliaat viholliset.

Luovien ajatustemme yläpuolella on aina jotain, mikä on niitä hienovaraisempaa ja tarkempaa. Se valvoo niiden syntymistä, tarkkailee, järjestelee ja ohjaa niitä; se pehmentää värejä, kun ne rakentelevat kuvia; se katkaisee niiltä siivet, kun on tehtävä päätöksiä. Sen kehittyminen riippuu jaloimmista kyvyistämme. Se ei itse ole luova, mutta missä sitä ei ole, ei synny mitään kestävää; se on moraalinen voima, jota ilman mielemme tuottaa vain hahmotelmia. Se on kykyä kyvykkyyteen, se on kyvykkyyden tuki, silmät ja tuomari; sanalla sanoen se on taiteellinen omatunto.

Kukaan ei ole saanut aikaan mitään kunnollista, ellei ole tavoitellut jotain poikkeuksellista.

Kritiikki on huonoa silloin, kun se kuvittelee voivansa arvioida taideteosta kunnolla vain jos tuntee olosuhteet, joissa se on syntynyt.

Kokonainen kirja – kokonainen elämä.

Jokainen runoilija ja jokainen vilpitön riimittelijä kirjoittaa sydänverellään. Ratkaiseva ero heidän välillään on siinä, millaista tuo elämänneste on.

Filosofi tekee päätelmänsä aktiivisesti, runoilijan on annettava niiden syntyä itsekseen.

Taideammatissa toimiminen on naiselle aina katastrofi. Hän pystyy tekemään työtään vain silloin, kun hänellä ei ole mitään muuta tehtävää.

Mielikuvitusta voi houkutella, mutta sille ei saa tehdä väkivaltaa.

Ei pidä kuvitella, että jokainen, joka kykenee kirjoittamaan mielipiteensä taideteoksesta, on kriitikko.

Pöytälaatikossa käsikirjoitus joko maatuu tai kypsyy.

Innostava kirja on kuin alkuruoka, joka herättää ruokahalun.

Kuka kirjailija rohkenee myöntää, että ajatus useimpien lukijoiden pinnallisuudesta on paitsi kiusallinen joskus myös lohdullinen?

Hyvässä kirjassa on enemmän totuuksia kuin sen kirjoittaja tarkoittikaan.

Pitkäveteisyys on monen kirjan pelastus: kriitikko, jonka sanan säilä on jo teroitettu, nukahtaa ennen kuin ehtii sivaltaa sillä.

Jos lukee vain klassikoita, voi olla varma, että pysyy aina ajan tasalla.

Suuret ihmiset luovat suurta, hyvät kestävää.

Kirjailija, jolta varastetaan, saa olla tyytyväinen. Siellä, mistä ei mitään varasteta, ei ole mitään varastamisen arvoista.

Nero näyttää tietä, lahjakas seuraa perässä.

Kielen olemus ilmenee selvimmin sanoista, joita on mahdoton kääntää.

Kirjallinen varas, joka näkee varastaessaan suurta vaivaa, voi koko ikänsä olla omaperäisen ja rehellisen maineessa.

Monen kirjailijapolven tehtävänä on vain pitää kynä teroitettuna.

Kirjailija, joka tuntee yhden ihmisen, osaa kuvailla sataa.

Suurille kirjailijoille on sallittava vankka omanarvontunto. Tiettyä jumalankaltaisuutta ei voi kieltää heissä, jotka luovat ihmisiä omasta mielestään.

Neron ja lahjakkaan ero on siinä, että neron on päästettävä itsensä valloilleen kun taas lahjakkaan on hillittävä itseään.

Nero piirtää kerralla viivan, jonka tavallinen lahjakkuus saa hyvällä onnella aikaiseksi vain tuntikausien tuhertamisella.

Vähäpätöiset tekijät valmistavat, suuret luovat.

Amatöörit eivät ole saavuttaneet mitään kestävää yhdelläkään taiteen osa-alueella, mutta he ovat kunnostautuneet tieteenaloista suurimmalla: filosofiassa. Montaigne, La Rochefoucauld ja Vauvenargues ovat todisteita siitä.

Mikä vahinko, että suuri lahjakkuus ja suuri luonne kuuluvat niin harvoin samaan pakettiin.

Moni lahjaton sanoo lahjakkaan töistä: jos osaisin tehdä tuollaisia, tekisin ne paremmin.

Jotta maailmassa olisi hyvyyttä

Hyvyyteen uskovat vain ne harvat, jotka sitä harjoittavat.

Lojaalius on jotain niin pyhää, että se pyhittää jopa laittoman toiminnan.

Kaksi hyvin erilaista hyvettä voivat riidellä keskenään pitkään ja kiivaasti, mutta tulee aika, jolloin ne huomaavat olevansa veljiä keskenään.

Maailma olisi parempi paikka, jos se vaiva, joka nähdään monimutkaisten moraalikäsitysten ymmärtämiseksi, nähtäisiin yksinkertaisempien noudattamiseksi.

Moraali jalostaa tavat, tavat jalostavat moraalin.

Henkisesti suuri ihminen vaatii itseltään paljon enemmän kuin muilta.

Jotta maailmassa olisi hyvyyttä, meidän on tehtävä hyviä tekoja.

Hyvyyskin on taidetta: myös sen parissa jakaudutaan harrastelijoihin ja niihin, jotka harjoittavat sitä vakavissaan.

Hyveiden ihaileminen merkitsee taipumusta hyveiden tekemiseen.

Hyvien tekojemme seuraukset kulkevat kintereillämme itsepintaisesti ja ovat usein vaikeampia kestää kuin pahojen tekojen seuraukset.

Maan päällä tapahtuisi paljon vähemmän pahaa, jos pahoja tekoja ei voisi koskaan tehdä hyvyyden nimissä.

Edellytämme muilta ihmisiltä hyveitä usein vain siksi, että siten voimme helpommin unohtaa omat vikamme.

Jotkin hyveet voi oppia teeskentelemällä niitä riittävän pitkään. Toisia taas on sitä vaikeampi omaksua, mitä enemmän yrittää antaa vaikutelman, että omaa ne jo. Edellisiin kuuluu rohkeus, jälkimmäisiin vaatimattomuus.

Uskollisuus on hyve, uskollisuuden kohteena oleminen onnea.

Ylpeytemme jostakin hyvästä ominaisuudestamme kärsii kovan kolauksen, kun näemme, miten ylpeitä muut ovat siitä, ettei heillä ole tuota samaa hyvää ominaisuutta.

Hyvyys, jolla on rajat, ei ole todellista hyvyyttä.

Kärsivällisyys on rohkeutta, määrätietoisuutta ja voimaa.

Vilpittömyys, suoraselkäisyys ja vaatimattomuus ovat nekin jumalallisia hyveitä.

Luottamus on jotain niin kaunista, ettei parantumattominkaan huijari voi olla tuntematta tiettyä kunnioitusta niitä kohtaan, jotka luottavat häneen.

Pienet erheet on vaikeinta antaa anteeksi niille, joilla on merkittäviä hyviä ominaisuuksia.

Häikäilemättömyys, jota hyvät ihmiset joutuvat kokemaan, muuttuu huomaavaisuudeksi, jota he osoittavat muita kohtaan.

Varo hyvettä, jolla joku kerskailee.

Hyväntahtoisuus on tavanomainen ominaisuus, hyvyys puolestaan hyveistä korkein.

Hyväntahtoinen ihminen ei pelkää pahantahtoisuutta.

Myötäsyntyisillä hyveillä ei ylpeillä.

Ei ole olemassa pahoja tekoja ja tuskin hyviäkään, joita ei olisi jo tehty turhamaisuudesta.

Kun jalo ihminen näkee vaivaa hyvittääkseen tekemänsä vääryydet, hänen hyväsydämisyytensä ilmenee puhtaimmillaan ja kauneimmillaan.

Nöyryys on haavoittumattomuutta.

Hyvien tekojen motiivi on toisinaan vain oikeaan aikaan tapahtuva katumus.

"Hän on hyvä ihminen", sanotaan ajattelemattomasti. Sellaisen kehun kanssa oltaisiin säästeliäämpiä, jos mieleen juolahtaisi, ettei sen korkeampaa ylistystä voi lausua.

Elämän mittaan paheemme kuluvat loppuun

Heikkoluonteinen on valmis kiistämään jopa hyveensä, jos ne herättävät ärtymystä.

Kyky hallita kätkee usein muiden kykyjen puutteen.

Joka puhuu paljon itsestään, antaa epäkypsän vaikutelman, olipa muutoin kuinka erinomainen ihminen tahansa.

Vaikka emme uskoisi imarteluun, imartelija saa meidät puolelleen. Tunnemme aina kiitollisuutta niitä kohtaan, jotka näkevät vaivaa ja valehtelevat miellyttääkseen meitä.

Mitä pienempi hiekanjyvä, sitä varmemmin se pitää itseään maailman napana.

Töykeys on henkistä kömpelyyttä.

Pahansuopien ihmisten hyväntahtoisuus on kuin virvatuli. Jos luottaa sen loisteeseen, se johdattaa väistämättä suohon.

Missä on huonoa makua, siellä on aina myös tiettyä rahvaanomaisuutta.

Heikkoluonteisten osoittama myötätunto on liekki, joka ei lämmitä.

Peräänantamattomuus on voiman tytär, jääräpäisyys puolestaan heikkouden, tarkemmin sanottuna mielen heikkouden.

Huonojen ominaisuuksiemme välillä vallitsee joko ikuinen taistelu tai häpeällinen rauha.

Kun kateellinen ei enää voi kiistää toisen ansioita, hän alkaa jättää ne huomiotta.

Kukaan ei ole niin häikäilemätön kuin se, joka kaipaa elämältä vain iloja itselleen.

Turhamainen ja heikko näkee tuomarin jokaisessa, ylpeällä ja vahvalla ei ole muita tuomareita kuin hän itse.

Turhamaisuus torjuu terveellisen ravinnon, elää pelkällä liehittelyn myrkyllä ja kukoistaa siitä.

Moni kuvittelee olevansa hyväsydäminen, mutta todellisuudessa hänellä on vain huonot hermot.

Kun vaatimattomuus on tietoista, se lakkaa olemasta vaatimattomuutta.

Mitäpä tekosyitä emme keksisi virheille ja epäkohdille, joista on meille hyötyä!

Viha on hedelmällinen, katkeruus hedelmätön pahe.

Missä turhamaisuus alkaa, terve järki päättyy.

Turhamaisuutemme kokemat kolaukset ovat puoliksi parantuneet, jos onnistumme kätkemään ne.

Voimattomien julmuus ilmenee piittaamattomuutena.

Ne, jotka näkevät vikansa hyvin helposti, kykenevät harvoin parantamaan niitä.

”On mahdotonta auttaa kaikkia”, sanoo pikkusieluinen – eikä auta ketään.

Paheet ovat kietoutuneet toisiinsa tiiviimmin kuin hyveet.

Elämän mittaan paheemme kuluvat loppuun, ja niin kuluvat hyveemmekin.

Jos uskot mielistelijöitäsi, olet hukassa. Jos uskot vihollisiasi, vaivut epätoivoon.

Pahan ihmisen on helpompi toteuttaa hyvä aikomus kuin hyvän ihmisen paha.

Vaikka huomio on meille mannaa, se ei riitä: janoamme imartelua.

Ylimielisyys on moukan pahe.

Kömpelö imartelu voi tuntua nöyryyttävämmältä kuin hyvin perusteltu moite.

Aiheeton moite on toisinaan imartelun hienotunteinen muoto.

Aina siitä saakka, kun kilpikonna tunnetusti voitti jäniksen, se on pitänyt itseään pikajuoksijana.

Kaikki on katoavaista

Ihminen säilyy sisäisesti nuorena niin kauan kuin hän kykenee tuntemaan tuskaa.

Vanheneminen on silmien aukenemista.

Vanhetessamme emme voi saavuttaa mitään kauniimpaa kuin lempeän ja koruttoman hiljaisuuden.

Ikääntyessään ihminen seestyy tai kangistuu kaavoihinsa.

Ihmisen tai esineen arvon voi määrittää vasta vanhana.

Vanhana olemme paljon alttiimpia imartelulle kuin nuorena.

Muutokset, joita ihmisen olemuksessa elämän mittaan tapahtuu, vaikuttavat joskus muutoksilta persoonallisuudessa.

Nuorikin tietää, että kaikki on katoavaista. Sen, miten nopeasti kaikki katoaa, oppii vasta vanhana.

Vanhana kaipaamme pikemminkin nuoruutemme unelmia kuin nuoruuden onnea.

Kun vanha koira oppii tempun, jota ei nuorena oppinut, se osaa sen hyvin.

Mitään emme menetä niin usein ja niin peruuttamattomasti kuin päivittäin tarjoutuvan tilaisuuden.

Olemme hölmöjä vanhoiksi asti, mutta vanhalla ei ole enää oikeutta olla hölmö. Voi, ollapa nuori, saisipa olla hölmö!

Nuorena opimme, vanhana ymmärrämme.

Ihminen on nuori niin kauan kuin kykenee yhä oppimaan, omaksumaan uusia tapoja ja sietämään ristiriitoja.

Opimme yleensä odottamaan vasta sitten, kun meillä ei enää ole mitään odotettavaa.

Vain se, mikä on liian hyvää nykyhetkelle, on tarpeeksi hyvää tulevaisuudelle.

Huoleton ei kanna huolta edes huomisesta; haluatko pelotella häntä ikuisuudella?

Nuorena ajattelemme, että oikeudenmukaisuus on vähintä, mitä voimme muilta odottaa. Vanhana huomaamme, että se on enintä.

Menneiden vuosisatojen jumalten ruoka on myöhempien aikojen jokapäiväistä leipää.

Mitä lyhyempi aherrus, sitä pitempi päivä.

Nykypäivän ihminen on syntynyt valittamaan. Akilleestakin hän näkee vain kantapään.

Vanhempien on vaikeinta antaa lapsilleen anteeksi viat, jotka ovat itse heille aiheuttaneet.

Joka ei enää muista selvästi omaa lapsuuttaan, on huono kasvattaja.

Nuoruus on ihanaa, vanhuus leppoisaa.

”Se menee ohi”, sanovat heikot vanhemmat lastensa vioista. Mutta ei, ei se mene ohi, se vain pahenee.

Heti kun jostain muoti-ilmiöstä on tullut vallitseva, se on jo vanhentunut.

Ajatukset saavat olla vanhanaikaisia, pukeutuminen ei.

Älykkäällä naisella on lukemattomia vihollisia

Naisilta ei pidä vaatia rehellisyyttä niin kauan kuin heidät kasvatetaan uskomaan, että heidän elämänsä päällimmäinen tarkoitus on miellyttää muita.

Miehen viattomuus on säädyllisyyttä, naisen säädyllisyys on viattomuutta.

Voi naista, joka ei kykene kohtaamaan vastoinkäymisiä kuin mies!

Miehen toivoton rakkaus herättää myötätuntoa, naisen sääliä.

”Kun sydämeni ei puhu, vaikenee myös järkeni”, sanoo nainen. ”Vaikene, sydän, jotta järkeni pääsee ääneen”, sanoo mies.

Rakastaessaan merkittävää miestä vaimo kadottaa tietoisuuden omasta arvostaan. Mies tulee tietoiseksi omastaan vasta rakastaessaan jaloluonteista naista.

Suurin valta mieheen on naisella, joka todellisuudessa torjuu hänet mutta saa hänet uskomaan, että vastaa hänen rakkauteensa.

Älykkäällä naisella on luonnostaan lukemattomia vihollisia: kaikki tyhmät miehet.

Aviomies, joka keskustelussa vaimonsa kanssa tuntee jäävänsä alakynteen, alkaa välittömästi puhua tämän päälle. Hän haluaa näyttää, että soittaa aina ensimmäistä viulua, silloinkin kun on väärässä.

Asiat ovat huonosti, jos aviopuolisot ikävystyttävät toisiaan, mutta vielä huonommin, jos vain toinen ikävystyttää toista.

Jotkut naiset rakastavat miehiään yhtä sokeasti, ylitsevuotavasti ja arvoituksellisesti kuin nunnat luostariaan.

Järkiavioliiton solmiminen tarkoittaa useimmissa tapauksissa sitä, että kaikki yhteenlaskettu järki käytetään tuohon järjettömimpään tekoon, mihin ihminen kykenee.

Naiskysymykset ilmaantuivat maailmaan, kun naiset oppivat lukemaan.

Myöhään toteutuneet ilot ovat kauneimpia

Onnellinen on hän, joka rakastaa vain sellaista, mitä on sallittua rakastaa, ja vihaa vain sitä, mitä pitääkin vihata.

Harvinaisimpia onnenpotkuja, joita osaksemme voi tulla, on tilaisuus tehdä jokin hyödyllinen hyvä teko.

Sietämättömintä tekopyhyyttä on ottaa jokainen kohdalle osuva nautinto vastaan muka velvollisuutena.

"Ja minä kun niin iloitsin siitä etukäteen!" sanot syyttävästi, kun jokin toiveesi romuttuu. Mutta sinähän iloitsit – eikö se merkitse mitään?

Onnellisia ovat pessimistit: mitä iloa he saavatkaan aina kun onnistuvat todistamaan, ettei iloa ole!

Joka ei osaa tinkiä mukavuudestaan, ei koskaan saavuta onnea.

Kun muistelemme kokemiamme iloja tai ajattelemme niitä, joita toivomme vielä kokevamme, ne ovat mielessämme aina täydellisiä.

Todelliseen iloon sekoittuu aina kiitollisuutta.

Kiihkeän kaipauksen täyttyminen liian myöhään ei enää ilahduta. Janoinen sielu haihduttaa sen kuin hehkuva rauta vesipisaran.

Haaveilla on päämääriä, mutta yhden haaveilija unohtaa: miten haave toteutetaan.

Hengetön hilpeys on ilon irvikuva.

Hyvä kasku vaikuttaa tahattomalta. Se ei julistaudu kaskuksi, mutta tarkkanäköinen kuulija havaitsee sen, keksii nokkelan ajatuksen yksinkertaisten sanojen takana. Hyvä kasku etenee huomaamattomasti.

Meistä on usein varsin luonnollista, ettei muilla ole hyvää onnea. Sen sijaan se, ettei meillä itsellämme sitä ole, on meille aina käsittämätöntä.

Myös uusi onni vaatii opettelua.

Mielenrauhan kannalta on yhtä välttämätöntä kyetä unohtamaan kuin muistamaan.

Miten paljon kuohuntaa aiheuttaakaan mielenrauhan tavoittelu!

Myöhään toteutuneet ilot ovat kauneimpia; ne sijoittuvat hiipuneen kaipuun ja lähestyvän mielenrauhan väliin.

Mielentyyneys on viehättävä itsevarmuuden muoto.

Saavuttamattomia unelmia tavataan kutsua jumalallisiksi. Ihmiset tuntuvat otaksuvan, että vain maalliset toiveet toteutuvat.

Rauhasta saa nauttia vain, jos suo sen muillekin.

Älä säälittele itseäsi, jos unelmasi eivät ole toteutuneet. Säälittäviä ovat ne, jotka eivät koskaan ole unelmoineet.

Maksoitpa kauniista kuvitelmasta millaisen hinnan tahansa, teit hyvät kaupat.

Yritä aina olla hyödyksi

Epäile harkintakykyäsi heti, kun havaitset siinä häivähdyksenkin henkilökohtaista motiivia.

Moni uskoo, että kun on myöntänyt virheensä, sitä ei tarvitse enää korjata.

Ole tahtosi herra ja omantuntosi renki.

Yritä aina olla hyödyksi, älä koskaan yritä tehdä itsestäsi korvaamatonta.

Voita, mutta älä juhli voittoasi.

Harrastukset suojelevat intohimolta; yksi niistä muuttuu intohimoksi.

On parempi taistella kuin anella.

Se, miten hyvin olemme onnistuneet tarttumaan tilaisuuksiin viettää aikaa erinomaisten ihmisten seurassa, kertoo paljon siitä, miten rikasta elämämme on kaiken kaikkiaan ollut.

Joka tyytyy vähäiseen maineeseen, ei enempää ansaitsekaan.

Niiden, jotka on viety tavoitteeseensa, ei pidä kuvitella saavuttaneensa sitä itse.

Palauta mieleesi se, mikä on unohdettu – ja eteesi avautuu kokonainen maailma.

Luulosairautta ei voi parantaa.

Me taistelemme kärsimystä vastaan, mutta kuka toivoo, ettei olisi koskaan kärsinyt?

Järkevä vaihtoehto ei aina ole sama kuin hyvä vaihtoehto; kaikkein järkevin on kuitenkin aina myös vaihtoehdoista paras.

Harkitse vielä kerran, ennen kuin annat, kahdesti, ennen kuin otat vastaan, ja tuhat kertaa, ennen kuin pyydät.

Pohjimmiltaan jokainen vastoinkäyminen on juuri niin vaikea kuin millaisena sen ottaa.

Meillä olisi vähemmän huolia, jos emme koskaan huolehtisi turhasta.

Vastoinkäymisen kohdatessamme saamme yleensä takaisin sen mielenrauhan, jonka tuon vastoinkäymisen pelko meiltä vei.

Tuska on ihmiskunnan suuri opettaja. Sen henkäyksen alla sielu kehittyy.

Useimmat kestävät paremmin sen, että heitä kohdellaan huonosti, kuin sen, että heistä puhutaan pahaa.

Ole iloinen, jos yhtä kehujaa kohti on vain yksi kateellinen.

Ankarimmankin moitteen sietää, jos tuntee, että moittija jakaisi mieluummin kehuja kuin moitteita.

Vaikeudet väistyvät, mutta pelko niitä kohtaan säilyy ikuisesti.

Teot puhuvat puolestaan

Teoria ja käytäntö ovat sielun ja ruumiin tavoin yhtä, ja aivan kuten sielu ja ruumis, nekin ovat enimmäkseen tukkanuottasilla.

Kyvykkyyden voi todistaa vain yhdellä tavalla: teoilla.

Kokonainen valtameri erottaa sen, mitä ihminen kykenisi tekemään, siitä, mitä hän todellisuudessa tekee, ja tahdonvoima on uponnut tuon meren pohjaan.

Kun on valittava kahden vastakkaisen velvollisuuden välillä, on varmempaa valita se, jonka täyttäminen on vaikeampaa.

Laiska ja ahkera eivät voi elää hyvää elämää yhdessä, sillä laiska halveksii ahkeraa liikaa.

Teot puhuvat puolestaan, mutta eivät vakuuta epäilijää.

Kun tekee paljon, saa usein osakseen kiittämättömyyttä. Kun tekee liikaa, saa aina palkakseen kiittämättömyyttä.

Myös kaikkein epätavallisimpien ihmisten odotetaan suorittavan varsin tavalliset velvollisuutensa.

Joskus käy niin, että vuori synnyttää hiiren, mutta toisinaan joudutaan niin kauhistuttavaan tilanteeseen, että hiiren olisi synnytettävä vuori.

Siinä on suuri ero, pettääkö työkalu vai käsi, mutta lopputuloksen kannalta se on samantekevää.

Kun joku osaa jotain, mitä me tavalliset kuolevaiset emme osaa, lohduttaudumme sillä, ettei tuo ihminen varmasti osaa mitään, mitä me osaamme.

Työntekijöiden on tehtävä velvollisuutensa, työnantajien on tehtävä enemmän kuin velvollisuutensa.

Ajattele sitä, mitä on vielä tehtävä, ja unohda se, mikä on jo tehty.

Kun ei kykene samaan kuin muut, on vain tyydyttävä osaansa. Mutta kun ei enää kykene siihen, mihin ennen pystyi, joutuu epätoivon valtaan.

Miten suuri ero onkaan siinä, miten jonkin asian teemme ja millainen on lopputulos!

Vähäisimpiä syntejä tehneet katuvat eniten.

Jokainen maailmaa nähnyt on mieluummin tekemisissä hyvin käyttäytyvän roiston kuin huonosti käyttäytyvän pyhimyksen kanssa.

Piittaamattomuus, tuo sisäinen kuolema, on toisinaan merkki uupumuksesta, useimmiten kuitenkin henkisestä kyvyttömyydestä ja aina – hyvistä käytöstavoista.

Kun lopulta koittaa hetki, jolloin olisi valmis tarttumaan toimeen, on jo liian myöhäistä.

Monet pienet ilkeydet tai tahdittomuudet eivät itsessään merkitse mitään mutta kertovat kamalia asioita niitä viljelevän luonteesta.

Seuraelämässä mikään ei miellytä ihmisessä niin paljon kuin hänen välinpitämättömyytensä siitä, miellyttääkö hän muita.

Hyväkäytöksinen ihminen ei puhu seurassa sen enempää säästä kuin uskonnostakaan.

Se, että huonolla käytöksellä pärjää maailmassa niin hyvin, johtuu toisten hyvästä käytöksestä.

Huomaavaisuus, jota saamme osaksemme, liittyy yleensä läheisemmin vaatimuksiimme kuin ansioihimme.

Ajattelemattomuudella on häpäisty useampi rehellinen nimi kuin pahantahtoisuudella.

Paras tie tasa-arvoon on kohteliaisuus: se kumoaa kaikki luokkaerot.

Tilit menevät lopulta tasan

Hyväntekeväisyyttä harjoittava köyhä voi toisinaan tuntea itsensä rikkaaksi, saita kroisos ei koskaan.

Anteliaisuutta ei aina esiinny oikeassa paikassa, saituutta sen sijaan on aina väärässä paikassa.

Köyhä ei koskaan pidä rikkaan anteliaisuutta hyveenä.

Vähään tyytyminen on vaikeaa, paljoon tyytyminen mahdotonta.

On helpompi auttaa nälkäistä kuin yltäkylläistä.

Olla antamatta omastaan on toisinaan pahempaa kuin varastaminen.

Jatkuvasta puutteesta seuraa turtumus yhtä varmasti kuin ylenpalttisesta nautinnosta.

Ihminen, joka tavoittelee aina vain suurempia rikkauksia suomatta itselleen aikaa nauttia niistä, on kuin nälkäinen, joka laittaa jatkuvasti ruokaa käymättä koskaan pöytään syömään sitä.

Kirkko ottaa kiitollisena vastaan lesken roposet. Jos haluaa samanlaisen vastaanoton taiteen temppelissä, on oltava kroisos ja tuotava mukanaan koko omaisuutensa.

Joka asettaa elämän materiaaliset mukavuudet henkisen pääoman edelle on kuin palatsinomistaja, joka asettuu palvelijanhuoneeseen ja jättää salit tyhjilleen.

Luonnolla on varaa olla tuhlaavainen. Myös se, mikä on näennäisen hyödytöntä, putoaa lopulta sen syliin.

Köyhä antaa auliisti omastaan.

Tilit menevät lopulta aina tasan – joskaan eivät aina niiden kanssa, jotka ovat meille velkaa.

Kaikkea pahaa ei voi muuttaa hyväksi

Jos joutuisimme olemaan myötämielisiä jokaista vääryyttä kohtaan, lakkaisimme puhumasta pahaa muista.

Oikeuden suurin vihollinen on etuoikeus.

Kukaan ei seiso niin korkealla, että olisi ainoa, joka osaa jakaa oikeutta muille.

Kun kaksi oikeamielistä kiistelee periaatteista, molemmat ovat oikeassa.

Kaikki historialliset oikeudet vanhenevat.

Joka lasten läsnä ollessa pilkkaa tai valehtelee, syyllistyy vakavaan rikokseen.

Parhaatkaan meistä eivät pysty tekemään oikeutta toiminnalle, johon eivät itse missään olosuhteissa kykene.

Kaikkea pahaa ei voi muuttaa hyväksi, mutta kaiken hyvän voi kääntää pahaksi.

Vahvemman oikeus on suurta epäoikeudenmukaisuutta.

Niin kauan kuin vihaamme vain epäoikeudenmukaisuutta mutta emme siihen syyllistyviä, rakastamme sekä aseveljiämme että vihollisiamme.

Moni totuus on saanut alkunsa virheestä.

Yksinkertaisin ja tutuinkin totuus vaikuttaa uudelta ja ihmeelliseltä silloin, kun itse koemme sen ensimmäistä kertaa.

Valheesta tekee kauhistuttavan se totuuden hiven, joka siihen usein sisältyy.

Jos on valittava valheen ja töykeyden välillä ilman muita vaihtoehtoja, valitse töykeys; jos valinta taas on tehtävä valheen ja julmuuden välillä, valitse silloin valhe.

Joka luottaa väärässä paikassa, jättää vastaavasti väärässä paikassa luottamatta.

Kaikkina aikoina ilmassa on suuria totuuksia. Niistä muodostuu aikakauden henkinen ilmapiiri.

Heikon rohkeus ja vahvan lempeys

Kiitollisuudenvelka on taakka, jonka vain vahvimmat meistä pystyvät kantamaan.

Käsitys kaiken maallisen katoavaisuudesta tuottaa loputtomasti murhetta – ja antaa loputtomasti lohtua.

Henkinen voimamme näkyy siinä, mihin uskomme ja mitä epäilemme.

Viime kädessä kaikki on kiinni siitä, mihin ihminen uskoo. Niinpä meidän on sallittava kaikille oikeus uskoa siihen, mihin itse haluavat, ei siihen, mihin muut saavat heidät uskomaan.

Viehätysvoima on sisäisen harmonian säteilyä.

Kuuntelemisen taito on kykyä asettaa itsensä taka-alalle ja – kun on kyse tärkeistä asioista – tuntea mielenkiintoa. Monessa tapauksessa hyvä kuuntelija tarvitsee kuitenkin näyttelijän taitoja.

Omanarvontuntoinen vaatii itseltään poikkeuksellisia asioita, ylimielinen katsoo ne itselleen kuuluviksi.

Säälittävimpiä ovat ne, joilla on velvollisuudentunto mutta ei voimaa velvollisuuksiensa täyttämiseen.

On olemassa kaunis teeskentelyn muoto: tahdonvoima. Ja kaunis itsekkyyden muoto: rakkaus.

Kukaan ei kerää niin innokkaasti uusia elämyksiä kuin se, joka ei ymmärrä sulatella vanhoja.

Joillakin on sydän terästä, mutta sen sisällä on pieni pehmeä kohta.

Yleistä mielipidettä halveksivat sekä kaikkein jaloimmat että kaikkein alhaisimmat sielut.

Mistään emme ole niin kiitollisia kuin kiitollisuudesta.

Mitkä kaksi muuta asiaa ovat niin vastakkaiset ja silti niin toisiinsa kietoutuneet, niin erilaiset ja kuitenkin niin usein mahdottomat erottaa toisistaan, kuin vaatimattomuus ja ylpeys?

Heikon rohkeus ja vahvan lempeys – kumpikin ansaitsee ihailua!

Kärsivällisyyttä on eniten niillä, jotka tarvitsevat sitä vähiten.

Jotta jalomielisyys olisi täydellistä, täytyy siinä olla mukana annos kevytmielisyyttä.

”On pakko!” Julma velvollisuus. ”Oli pakko!” Paras lohtu.

Useimpien myötätunto on yhdistelmä uteliaisuutta ja tärkeilyä.

Mikään ei ole säälittävämpää kuin luovuttaminen liian aikaisin.

Katumus ajaa heikot epätoivoon mutta tekee vahvoista pyhimyksiä.

Onnellisten ihmisten itsekkyys on huoletonta ja tiedostamatonta. Onnettomien itsekkyys on itsepintaista, katkeraa ja olemassaolonsa oikeutuksesta vakuuttunutta.

Tiettyyn epäitsekkyyden asteeseen saakka tarvitaan myös itsekkyyttä.

On vaikea olla turvautumatta ylimielisyyteen, kun joutuu halpamaisen hyökkäyksen kohteeksi.

Kissa ei pidä sulavapuheisena ketään, joka ei osaa maukua.

Ei ole syytä pelätä niitä, jotka kiistelevät, vaan niitä, jotka välttelevät kiistoja.

Maailmanmies tuntee yleensä ihmisiä, mutta ei ihmistä. Runoilijan laita on päinvastoin.

”Ellei minun tarvitsisi pitää saarnoja, en tekisi katumusharjoituksia”, sanoi totuutta rakastava pappi.

Meidän tulisi antaa anteeksi aina: katuvalle hänen itsensä vuoksi ja sille, joka ei kadu, meidän itsemme takia.

Saatat vajota niin nopeasti, että luulet lentäväsi.

Moni olisi vapaa

Maailma kuuluu niille, jotka sitä janoavat. Ne, joille sen pitäisi kuulua, suhtautuvat siihen halveksien.

Kaikki suurmiehet eivät ole ihmisinä suuria.

Historiassa on sankarinsa ja heidän äänitorvensa, ja molemmista tehdään kuolemattomia.

Ennakkoluulot pitävät pystyssä valtaistuimia, tietämättömyys alttareita.

Kaikki maallinen valta perustuu väkivaltaan.

Julkisen viran hoitaminen erinomaisesti edellyttää tietyn määrän hyviä ominaisuuksia – ja huonoja.

Aidoillakin profeetoilla on joskus kiihkomielisiä kannattajia, väärillä profeetoilla niitä on aina.

Vallanhalu tarkoittaa taistelunhalua. Myös halu olla hyödyllinen tarkoittaa halua taistella, mutta rauhan puolesta.

Vapaus ulottuu yhtä pitkälle kuin itsehillintä.

Ihmisillä, jotka herättävät meissä samanaikaisesti sekä sääliä että syvää kunnioitusta, on meihin ääretön valta.

Moni olisi vapaa, jos vain tulisi tietoiseksi vapaudestaan.

Onnellinen orja on vapauden katkerin vihollinen.

Pelkäämme kuollaksemme, että lähimmäisenrakkaus levittäytyy liian laajalle, joten pystytämme rajoja sitä vastaan: kansallisuuksia.

Valta merkitsee velvollisuutta, vapaus vastuuta.

Pettämätön keino saada vaikutusvaltaa ihmisiin on tehdä itsensä heille tarpeelliseksi.

Omantunnonvapaus, voi voi! Sillä tarkoitetaan, että ihmisellä saa vapaasti olla omatunto.

Kukaan ei tiedä mitä hänen sisällään uinuu

Ennen kuin antaudut yksinäisyydelle, pohdi tarkkaan, onko oma seurasi sinulle terveellistä.

Saatamme tehdä monenlaisia asioita muiden puolesta, mutta velvollisuutemme hoidamme vain itsemme vuoksi.

Mittakaava, jolla arvioimme asioita, on oman mielemme mittakaava.

Kaikki riippuu ympäristöstä. Kirkkaalta taivaalta paistavalla auringolla on paljon vaatimattomampi käsitys itsestään kuin kynttilällä, joka palaa kellarissa.

Maineemme on aina liian hyvä tai liian huono, ei sellainen, jonka ansaitsisimme.

Aliarvioimme omaisuutemme ja yliarvioimme ominaisuutemme.

Kukaan ei tiedä mitä hänen sisällään uinuu tullakseen päivänvaloon sitten, kun kohtalo kolhii.

Takerrumme entistä tiukemmin tukipilareihin, joiden tunnemme alkavan horjua.

Sanojemme painoarvo selviää meille siitä, millaisia seurauksia sanoillamme on.

Muita kohtaan tunnettu sääli herättää voimakasta, sinnikästä myötätuntoa; itsesääli voimatonta, pelkurimaista sentimentaalisuutta.

Kukapa ei olisi joskus ollut varma kykenevänsä johonkin, mihin vain luulee kykenevänsä.

Olemme taipuvaisia ajattelemaan, että meidän on pakko tehdä se, minkä itse asiassa vain *haluamme* tehdä.

Perustellut mieltymyksemme me hallitsemme, mutta perustelemattomat pitävät meitä narrinaan.

Yksinäisyys on tuskallinen tunne, kun se valtaa meidät ihmisjoukossa, mutta aivan sietämätön, kun se valtaa meidät oman perheen seurassa.

Kaikki pettymykset ovat mitättömiä verrattuna siihen, miten pettyneitä olemme itseemme.

Emme ole aina se ihminen, joka useimmiten olemme.

Meidän on helppoa soimata itseämme, yhdellä edellytyksellä: ettei kukaan ole samaa mieltä kanssamme.

Mitätön pikkuseikka voi murentaa luottamuksen omiin kykyihin, mutta vain ihme voi palauttaa sen.

Mitä enemmän rakastat itseäsi, sitä enemmän olet itsesi pahin vihollinen.

Jos on olemassa uskoa, joka siirtää vuoria, niin usko omiin kykyihin.

Ilman muita ihmisiä emme ole mitään

Pitkämielisimpiä olemme niitä kohtaan, joiden suhteen olemme luopuneet toivosta.

Ihmiset, joiden kanssa emme koskaan kiistele, ovat joko niitä, joita rakastamme eniten, tai niitä, joita kunnioitamme vähiten.

Mikään ei ole vaikeampaa kuin hyväksyä ihminen, joka ei hyväksy meitä.

Ilman muita ihmisiä emme ole mitään. Sitkeinkin ihmisvihaaja tarvitsee muita, jos ei muuhun niin voidakseen halveksia heitä.

Joka ei koskaan ole tuntenut kunnioitusta muita kohtaan, ei sitä myöskään itse muissa herätä.

Ihmisiä voi vältellä silkasta halveksunnasta – tai kunnioituksesta.

On tapauksia, joissa muutoin varsin rehelliseen ihmiseen ei pidä luottaa. Esimerkiksi kun antelias puhuu menoistaan tai kitsas tuloistaan.

Mielen suuruutta on olla tuntematta kateutta toisten menestyksestä asiassa, jossa itsekin sitä tavoittelee.

Emme koskaan lakkaa ihmettelemästä, kuinka vakavasti muut suhtautuvat huoliinsa.

Toisen ihmisen tunteminen tarkoittaa, että häntä joko rakastaa tai säälii.

Torjuttu sääli voi muuttua julmuudeksi aivan kuten torjuttu rakkaus vihaksi.

Jos joku korjaa itsessään pienenkin puutteen meidän vuoksemme, se saa meidät arvostamaan häntä enemmän kuin suurimmatkaan hyveet, jotka hän omaksuu ilman apuamme.

Vähäpuheiset tekevät aina vaikutuksen. On vaikea uskoa, ettei heillä olisi muuta salaisuutta kuin oma merkityksettömyytensä.

Kanssakäyminen egoistin kanssa on tuhoisaa, sillä itsepuolustuksemme pakottaa meidät vähitellen sortumaan hänen vikoihinsa.

Emme koskaan ole yhtä kiitollisia sille, joka tekee meille hyvää, kuin sille, joka voisi tehdä meille pahaa, mutta ei tee.

Asiat, joita emme usko parhaille ystävillemme, huudamme julki kaikille.

Jotkut ihmiset ovat kuin myöhäisrokokoo: sieviä yksityiskohtia on paljon, mutta kokonaisuus on mauton.

Kansantajuinen tarkoittaa asiaa, jonka tavallinen kansakin ymmärtää. Usein se on asia, joka on muille sietämätön.

Jos jokainen meistä auttaisi muita, kaikki saisivat apua.

Suurikin erilaisuus perustuu joskus hyvin pieniin eroihin.

Mikään ei lohduta tietynlaisten vieraiden saapuessa niin paljon kuin toivo heidän lähtemisestään.

Kunnioita latteuksia!

Sano ensimmäisenä jotain itsestään selvää, niin olet kuolematon.

Kohtaloamme ei määrää se, mitä koemme, vaan se, millaisia tunteita nuo kokemukset meissä herättävät.

Tuli puhdistaa, peitetty hiillos jää kalvamaan.

Kohtalon iskut ovat kovia tai pehmeitä – sen mukaan, mistä aineksista meidät on tehty.

Kun satakielet vaikenevat, alkavat sirkat sirittää.

Pahimpia sairauksia eivät ole tappavat vaan parantumattomat.

Kun alamme nähdä vain sen, mitä haluamme nähdä, olemme henkisesti sokeutuneet.

Elämän suuret hetket niin hyvässä kuin pahassa ovat niitä, joina teimme jotain sellaista, mihin emme olisi koskaan uskoneet kykenevämme.

Kysymys kuuluu, tavoitteleeko elämässään huvituksia vai rakkautta. Edellisessä tapauksessa ei pidä olla turhan tarkka kanssaihmisten moraalisista, jälkimmäisessä tapauksessa henkisistä ominaisuuksista.

Näennäinen ristiriita luonnonlain kanssa syntyy vain silloin harvoin, kun jokin toinen luonnonlaki alkaa vaikuttaa.

Poikkeus ei aina vahvista vanhaa sääntöä. Joskus se voi enteillä uutta sääntöä.

Hetken hallinta on elämän hallintaa.

Pienikin kukkula voi peittää meiltä näkymän mitä korkeimmalle vuorelle.

Todellinen kunnioitus ei koskaan synny pelosta.

Se, että jotain on tapahtunut niin kauan kuin maailma on ollut olemassa, ei tarkoita, että samaa tapahtuisi edelleen niin kauan kuin maailma vielä jatkaa olemassaoloaan.

Elämä kasvattaa parhaita mutta jättää pikkusieluiset oman onnensa nojaan.

Monia asioita voi ostaa, vaikka niillä ei ole hintaa.

Kun kuljet paljon tallattua polkua pitkään, kuljet sitä lopulta yksin.

Ihmisen tekemää voi parannella, luontoa vain jäljitellä.

Kunnioita latteuksia! Niissä on vuosisatojen ajan kertynyttä viisautta.

Täydellinen ennakkoluulottomuus tarkoittaa ennakkoluulottomuutta myös ennakkoluuloja kohtaan.

Kaikki menettää elämän mittaan sekä viehätyksensä että pelottavuutensa. Vain yhtä emme lakkaa pelkäämästä: tuntematonta.

Sattuma on sumuun verhottu välttämättömyys.

Monta monimutkaisuutta täytyy selättää ennen kuin lopulta saavuttaa yksinkertaisuuden.

Pysähtynytkin kello on näyttänyt kaksi kertaa päivässä oikeaa aikaa ja voi muistella vuosien saatossa kokemiaan lukuisia onnistumisia.

Ilotulituksen aikana kukaan ei katso tähtitaivasta.

Kun elämään suhtautuu tehtävänä, joka on hoidettava, sen kykenee aina kestämään.

Milloin tahansa voi sattua jotain odottamatonta. Muun muassa juuri siksi elämä on niin mielenkiintoista.

Kirjailijasta

Marie von Ebner-Eschenbach (1830–1916) oli itävaltalainen kirjailija, joka tunnetaan nykyisin ennen muuta ajattomista aforismeistaan. Hänen laaja tuotantonsa käsittää kuitenkin myös romaaneja, näytelmiä, kertomuksia ja runoja, ja häntä pidetään yhtenä 1800-luvun loppupuolen merkittävimmistä saksankielisistä kirjailijoista. Hän edusti realismia ja käsitteli tuotannossaan yhteiskunnallisia epäkohtia.

Ebner-Eschenbach syntyi aristokraattiseen perheeseen Troubky-Zdislavicessa, Määrissä, nykyisen Tšekin tasavallan alueella, joka tuolloin kuului Itävallan keisarikuntaan. Äiti kuoli pian hänen syntymänsä jälkeen, mutta hän sai hyvän kasvatuksen kahdelta äitipuoleltaan. Muodollista koulutusta hän ei saanut. Perheen kirjasto, monipuoliset kulttuurivaikutteet ja voimakas tiedonjano tekivät hänestä kuitenkin sivistyneen itseoppineen, joka oli laajasti lukenut ja puhui sujuvasti kolmea kieltä. 18-vuotiaana hän meni naimisiin serkkunsa kanssa ja muutti Wieniin, missä hän asui suurimman osan elämästään. Liitto oli lapseton.

Marie von Ebner-Eschenbach alkoi kirjoittaa jo lapsena ja uhmasi vallitsevaa käsitystä siitä, ettei hänen yhteiskuntaluokkansa naisen ollut sopivaa ryhtyä kirjailijaksi. Uransa hän aloitti näytelmillä, jotka eivät kuitenkaan saaneet kovin hyvää vastaanottoa. Tunnustusta hän alkoi saada proosateostensa myötä vasta 50-vuotiaana. Pian häntä jo pidettiin saksankielisessä Euroopassa aikakautensa johtavana naiskirjailijana. Vuonna 1898 Ebner-Eschenbach sai ensimmäisenä naisena kunniamitalin, jonka Itävalta myöntää ansioista taiteen ja tieteen alalla, ja vuonna 1900 hänestä tuli ensimmäinen nainen, jonka Wienin yliopisto nimitti kunniatohtoriksi. Vuosina 1910 ja 1911 hän oli ehdolla Nobelin kirjallisuuspalkinnon saajaksi.

Ensimmäisen aforismikokoelmansa – joka sisälsi kolmesataa aforismia – Ebner-Eschenbach julkaisi vuonna 1880. Neljän vuoden kuluttua kirjasta ilmestyi toinen painos sadalla aforismilla täydennettynä, ja vuonna 1890 kolmas painos, johon oli lisätty uudet sata aforismia. Kokoelmasta on sittemmin otettu uusia painoksia, ja se on edelleen saatavilla (*Fünfhundert Aphorismen*). Myöhemmin kirjoittamiaan aforismeja hän julkaisi muun muassa lehdissä ja antologioissa.

Ebner-Eschenbach oli syvällinen ajattelija ja valpas tarkkailija, ja hänen aforisminsa ovat pikemminkin huomioita kuin elämänohjeita. Itse hän on sanonut, että aforismi on viimeinen linkki pitkässä ajatusten ketjussa.

Ebner-Eschenbachin aforismien keskeinen viesti tuntuu olevan, että ihmiset ovat taustoistaan riippumatta hyvin samanlaisia. Hän näkee ihmisen pohjimmiltaan hyvänä ja hyvyyden ihmisen perimmäisenä tavoitteena. Hän puhuu aforismeissaan oikeudenmukaisuudesta, ystävyydestä, oppimisesta ja henkisistä arvoista. Taiteilijuuteen ja kirjailijuuteen liittyvät – joskus ironisetkin – mietelmät heijastavat hänen omia kokemuksiaan: elämä naiskirjailijana ei ollut helppoa, eivätkä kriitikot aina kohdelleet häntä oikeudenmukaisesti.

Sekä aforismeissaan että muussa tuotannossaan Ebner-Eschenbach käsitteli myös sukupuolta. Hänen romaaneissaan ja kertomuksissaan esiintyy vahvoja naisia, ja hän puhui tasa-arvoisen avioliiton puolesta. Varsinaisena naisasianaisena häntä ei silti ole pidetty, sillä vaikka hän korosti naisten kyvykkyyttä, hän ei juuri kyseenalaistanut naisen paikkaa maailmassa vaan käsitti naisen ja miehen välisen valtasuhteen melko perinteisesti. Naisten keskinäisiä verkostoja hän sen sijaan piti tärkeinä. Hän tuki näkyvästi muita naiskirjailijoita ja oli esikuva monille aikansa naisille.

Marie von Ebner-Eschenbachin tuotannosta on aiemmin suomennettu teos *Kunnan lapsi* (1903, suom. Ester Peltonen; *Das Gemeindekind*, 1887) sekä kertomus ”Krambambuli” (suomentaja tuntematon), joka on julkaistu kokoelmassa *Krambambuli ja muita eläinsankareita: valikoima eri kirjailijain kertoelmia* (1911). Lisäksi *Suuri sitaattisanakirja* (1982, toim. Jarkko Laine) sisältää muutamia hänen aforismejaan.